Nur Üzümcü

AF137107

Wie Business Intelligence das IT-Controlling vereinfacht

Einsatzpotentiale und Möglichkeiten der Automatisierung in IT-Unternehmen

Bibliografische Information der Deutschen Nationalbibliothek:

Die Deutsche Nationalbibliothek verzeichnet diese Publikation in der Deutschen Nationalbibliografie; detaillierte bibliografische Daten sind im Internet über http://dnb.d-nb.de abrufbar.

Impressum:

Copyright © Studylab 2020

Ein Imprint der GRIN Publishing GmbH, München

Druck und Bindung: Books on Demand GmbH, Norderstedt, Germany

Coverbild: GRIN Publishing GmbH | Freepik.com | Flaticon.com | ei8htz

Inhaltsverzeichnis

Abbildungs- und Tabellenverzeichnis

Abkürzungsverzeichnis

Abb	Abbildung
BI	*Business Intelligence*
BSC	*Balanced Scorecard*
bzw.	*beziehungsweise*
CIO	*Chief Information Officer*
CRM	*Customer-Relationship-Management*
d.h.	*das heißt*
DWH	*Data Warehouse*
ERP	*Enterprise-Resource-Planning*
ETL	*Extraction-Transformation-Loading*
FASMI	*Fast Analysis of Shared Multidimensional Information*
IBM	*International Business Machines Corporation*
IT	*Informationstechnologie*
KDD	*Knowledge Discovery in Databases*
KPI	*Key Performance Indicator*
LTE	*Long Term Evolution*
OLAP	*Online-Analytical-Processing*
OLTP	*Online-Transaction-Processing*
SCM	*Supply-Chain-Management*
WLAN	*Wireless Local Area Network*
z.B.	*zum Beispiel*

1 Einleitung

Die Digitalisierung ist im heutigen Zeitalter ein unumgängliches Thema. Unternehmen sind nahezu verpflichtet in die Digitalisierung einzusetzen, um konkurrenzfähig zu bleiben. Beim Einsatz von neuen Technologien in Unternehmen beweisen einleitende empirische Studien die nützlichen Auswirkungen, die auch gleichzeitig den Unternehmenserfolg verbessern (Langmann 2019).

Dies gilt selbstverständlich auch für IT-Unternehmen, insbesondere aber für dessen Entscheidungsinstrument, das IT-Controlling. Dessen Aufgabe ist, im Kontext der Verwendung von IT-Ressourcen eine Planung für die letztendliche Entscheidung vorzubereiten. Um diese Entscheidungsfindung zu unterstützen, kommen viele Möglichkeiten der Technologie in Frage. Eine dieser Möglichkeiten ist Business Intelligence. Das Ziel davon ist für das Geschäft nützliches Wissen zu erhalten, die die strategischen und operativen Managemententscheidungen unterstützen. Damit werden Prozesse im Unternehmen gestärkt. Dazu werden mit Hilfe von Business Intelligence die relevanten Daten erhoben, zusammengefasst, ausgewertet und die Ergebnisse daraus veranschaulicht (Lang 2015).

Ziel dieser Bachelorarbeit ist eine Grundlage bzw. Einheit zur Erörterung der Möglichkeiten und Potentiale von Business Intelligence im IT-Controlling zu bilden. Dabei soll folgende Fragestellung beantwortet werden: "Weist der Einsatz von Business Intelligence im IT-Controlling Potentiale auf?". Dabei werden unter anderem folgende Fragen aufgegriffen: "Was sind die Aufgaben des IT-Controllings?", "Was genau sind die Aufgaben des BI?" und "Welche Prozesse im IT-Controlling können durch BI automatisiert werden?".

Nach der Einleitung in die Thematik werden im zweiten Kapitel die Begrifflichkeiten Controlling und IT-Controlling geklärt, das Organisationskonzept des IT-Controllings dargestellt und in die Aufgabenbereiche beider Begriffe eingegangen. In Kapitel drei wird Business Intelligence (im Folgenden mit BI gekürzt) definiert und dessen historische Entwicklung in Betracht gezogen. Darüber hinaus werden die Aufgaben des Business Intelligence erörtert, um anschließend im vierten Kapitel die Anreicherung des IT-Controllings durch BI und dessen Potentiale im IT-Controlling darzustellen. Die Arbeit schließt mit einem Fazit ab, greift dabei die wichtigsten Erkenntnisse auf und gibt einen Ausblick für die Zukunft.

2 IT-Controlling

2.1 Definition Controlling

Ursprünglich stammt der Ausdruck Controlling aus dem Englischen. Es ist auf das Verb "to control" zurückzuführen, stellt aber weniger das Kontrollieren dar, sondern viel mehr das Steuern und Navigieren. Somit ist ein Controller der Navigator des Unternehmens, der der Geschäftsleitung, dem "Kapitän", Transparenz über Standpunkt und Richtung des Unternehmensfortschritts gibt (Binder 2017).

"Die Ökonomie ist keine exakte Wissenschaft – ihre Teildisziplin, das Controlling, ebenfalls nicht und insofern verwundet es nicht, dass für eben diese Teildisziplin bis zum heutigen Tag keine umfassende und allgemein anerkannte Definition existiert." (Hubert 2018, S. 1) "Controlling ist ein vielschichtiger Begriff. Mit Controlling bezeichnete Stellen führen ganz unterschiedliche Tätigkeiten aus und übernehmen unterschiedliche Rollen in Unternehmen." (Behringer 2018, S. 2) Diese Zitate beweisen, dass dem Controlling eine allgemeine Begriffsdefinition schwer zuzuordnen ist. Demnach müsste man laut Behringer die jeweilige Unternehmenskultur und die wirtschaftliche Lage des Unternehmens in Betracht ziehen, um eine klare Begriffsabgrenzung zu verschaffen (Behringer 2018). Ein weiterer Grund für keine allgemein vorhandene Begriffsdefinition ist die rasante Weiterentwicklung und die immer mehr wachsende Bedeutung des Controllings für die Unternehmen (Preißner 2010).

Im Folgenden werden einige Definitionen aufgeführt.

> "Controlling ist ein funktionsübergreifendes Steuerungsinstrument, das den unternehmerischen Entscheidungs- und Steuerungsprozess durch zielgerichtete Informationener- und -verarbeitung unterstützt. Der Controller sorgt dafür, dass ein wirtschaftliches Instrumentarium zur Verfügung steht, das vor allem durch systematische Planung und der damit notwendigen Kontrolle hilft, die aufgestellten Unternehmungsziele zu erreichen. Inhalt der Zielvorhaben können alle quantifizierbaren Werte des Zielsystems sein."

> (Preissler 2013)

Controlling ist nach Horváth eine Tätigkeit, die aus der zielgerichteten Strukturierung von Planung und Steuerung sowie der Bereitstellung von Informationen besteht (Horváth 2012).

2.2 Aufgaben des Controllings

Wie im vorherigen Kapitel erwähnt gibt es verschiedene Auslegungen des Controllings. Dementsprechend variieren die Aufgabengebiete der Controller je nach Unternehmen, deren Größe oder auch finanziellen Lage. Es werden im Folgenden die Hauptaufgaben, die Controller meist tätigen, beschrieben.

2.2.1 Planung

Die Planung ist einer der wichtigsten Elemente vieler betriebswirtschaftlicher Vorgehen. Dabei unterscheidet man zwischen der *Marketingplanung, Fertigungsplanung* oder *Finanzplanung*. Die Planung beginnt, wenn ein Unternehmen oder dessen Prozesse als nicht optimal wahrgenommen werden. Dies soll dazu beitragen den jetzigen Zustand in den gewünschten Zustand zu bringen. Selbstverständlich sind nur Dinge planbar, die labil sind. Nicht beeinflussbare Tatsachen muss man somit als externe Faktoren akzeptieren. Dafür wird der Ausdruck Prognose benutzt. Externe Faktoren, die die Unternehmensplanung beeinflussen werden prognostiziert. Diese Faktoren sind beispielsweise das Verhalten der Kunden oder auch aktuelle Markttrends (Behringer 2018).

Unterschieden wird dabei zwischen der operativen und strategischen Planung. Die strategische Planung ist langfristig und hat ein zeitliches Ausmaß von drei bis fünf Jahren. Die Wichtigkeit der strategischen Planung besteht aus dem Grund, dass zukünftige Ereignisse die heutigen Tätigkeiten eines Unternehmens bewirken. Die operative Planung, ist im Gegensatz zu der strategischen Planung, kurzfristig. Sie umfasst einen Zeithorizont von maximal einem Jahr. Beide Planungsarten arbeiten mit „Mengen, Längen- oder Zeitangaben", die mit den jeweiligen Preisen multipliziert werden und somit entstehen die Geldmengen. Daraus entsteht auch die Finanzplanung, die der Sicherstellung der Liquidität und der Planung des Unternehmenserfolgs dient (Behringer 2018).

Somit hat die Planung eine große Bedeutung für den Unternehmenserfolg und erhöht die Erfolgswahrscheinlichkeit eines Unternehmens. Planung ist somit die Grundlage für erfolgreiche Steuerung eines Unternehmens (Behringer 2018). Der folgenden Abbildung kann man die Phasen des Planungsprozesses entnehmen.

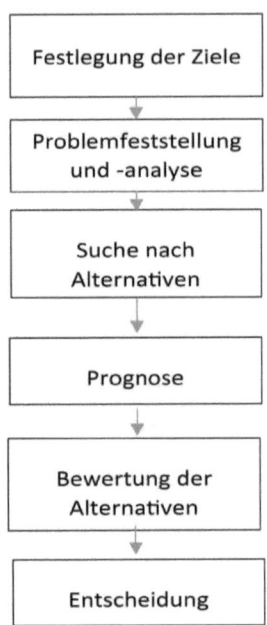

Abbildung 1: Phasen des Planungsprozesses
(Behringer 2018, S. 65)

2.2.2 Information

Eine weitere Aufgabe des Controllings ist die Informationsrolle, die sehr wichtig für die Erfolgssicherung eines Unternehmens ist, da Informationen auch als Grundlage für die Planung und Kontrolle genutzt werden. Die Datenbasen der Informationsfunktion sind das externe und interne Rechnungswesen. Das externe Rechnungswesen adressiert die unternehmensinternen Informationen an diverse Personen, die wenigere Informationen besitzen. Um diesen Nachteil aufzuheben gelten Gesetze für die Gestaltung des externen Rechnungswesens (Behringer 2018).

Beim internen Rechnungswesen sind wiederum der Ersteller und Empfänger das Unternehmen selbst, weshalb auch keinen gesetzlichen Regelungen vorhanden sind. Somit ist die Gestaltung dem Unternehmen selbst überlassen. Die Daten aus dem internen Rechnungswesen dienen als Entscheidungshilfe für das Unternehmen bzw. auch innerhalb dessen (Behringer 2018).

Das interne Rechnungswesen hat eine Beziehung zu dem Externen und wiederum umgekehrt. Die Empfänger der Daten aus dem externen Rechnungswesen erhalten somit Einsicht in das Unternehmen „through the management eyes". Das Unternehmen holt sich die nötigen Informationen, die zur Entscheidungshilfe dienen, aus dem internen Rechnungswesen. Dies soll dazu dienen, dass jeder die nötige Information unabhängig von der gesetzlichen Regelung erhält. Dazu sollte ein Berichtssystem eingerichtet werden, das die nötigen Informationen liefert und somit dem Unternehmen bei der Entscheidungsfindung hilft (Behringer 2018).

2.2.3 Kontrolle

Im vorherigen Kapitel 2.1 wurde bereits erwähnt, dass Controlling weniger mit dem Kontrollieren zusammenhängt. Eine der wichtigen Aufgaben des Controllings stellt sie trotzdem dar. Sie ist die Gegenseite der Planung. Die Planung gibt die Vorgaben, die das Unternehmen erreichen soll. Die Kontrolle überwacht dabei, ob diese Ziele realisiert wurden. „Kontrolle dient damit im Wesentlichen der Verhaltensbeeinflussung." Unterschiede zwischen geplanten und realisierten Werten entstehen durch das Versäumen des Kontrollierens. Die Folge dessen ist dann die sogenannte „Soll-Ist-Abweichung". Das Kontrollieren führt zur leichteren Erreichung der Unternehmensziele. Trotz der negativen Auffassung des Ausdrucks ist sie für das Unternehmen extrem notwendig. Die einzuhaltenden Ziele der einzelnen Hierarchiestufen des Unternehmens können der Abb. 2 entnommen werden (Behringer 2018).

Abbildung 2: Zielpyramide
(Behringer 2018, S. 73)

2.3 Definition IT-Controlling

In Kapitel 2.1 wurde bereits erwähnt, dass der Controller der Navigator eines Unternehmens ist und der Geschäftsleitung Klarheit über das Unternehmen verschafft. Im IT-Controlling ist es nicht anders. Auch hier ist der IT-Controller der Navigator, nicht aber für das gesamte Unternehmen, sondern für den „wirtschaftlichen Einsatz von Informationstechnik" innerhalb eines Unternehmens. Transparenz verschafft er für den Chief Information Officer (kurz: CIO), dem Leiter des Informationsmanagements, der somit der Kapitän ist und die letztendlichen Entscheidungen trifft (Gadatsch 2016).

"IT-Controlling gilt als Instrument zur Entscheidungsvorbereitung im Rahmen der Nutzung von IT-Ressourcen. Es ist die '... Beschaffung, Aufbereitung und Analyse von Daten zur Vorbereitung zielsetzungsgerechter Entscheidungen bei Anschaffung, Realisierung und Betrieb von Hardware und Software ...' (vgl. Becker/Winkelmann 2019, S. 3) und damit eine betriebswirtschaftliche Aufgabe zur Sicherstellung der Effektivität und Effizienz der Informationstechnik im Unternehmen." (Gadatsch 2016, S. 1)

Diverse Beobachtungen verführen zu einem falschen Bild der Funktion des IT-Controllings. Durch die steigende Automatisierung der Geschäftsprozesse in Unternehmen und somit den steigenden IT-Kosten werden Geschäftsleiter unter Kostendruck gesetzt. Aus diesem Grund wird das IT-Controlling oft mit „Kostenreduktion im IT-Bereich" verwechselt. Somit verwandelt sich der IT-Controller zum „Kostenkontrolleur und Kostensenker". (Gadatsch und Mayer 2014)

Dabei zielt eine erfolgsorientierte Einstellung mit IT-Controlling auf *Leistungssteigerung* und *Effizienzverbesserung* im Unternehmen. In Unternehmen, die sich in Bezug auf die IT weiterentwickeln, wird festgestellt, dass die IT zentral für die Sicherung der Konkurrenzfähigkeit ist. (Gadatsch und Mayer 2014) Somit kann man sagen, dass das IT-Controlling „den IT-Einsatz im Unternehmen im Rahmen eines IT-Controlling-Konzeptes" fördern. (Gadatsch und Mayer 2014, S. 26)

Also kann für ein deutsches Unternehmen das IT-Controlling wie gefolgt definiert werden. „IT-Controlling ist ein System der Unternehmensführung, das die Planung, Überwachung und Steuerung aller IT-Aktivitäten unterstützt und insbesondere die notwendige Transparenz herbeiführt." (Gadatsch und Mayer 2014, S. 26)

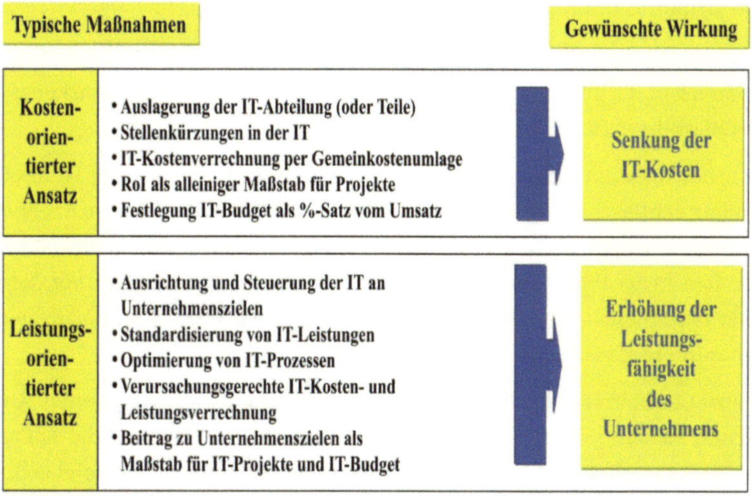

Typische Maßnahmen		Gewünschte Wirkung
Kosten-orien-tierter Ansatz	• Auslagerung der IT-Abteilung (oder Teile) • Stellenkürzungen in der IT • IT-Kostenverrechnung per Gemeinkostenumlage • RoI als alleiniger Maßstab für Projekte • Festlegung IT-Budget als %-Satz vom Umsatz	Senkung der IT-Kosten
Leistungs-orien-tierter Ansatz	• Ausrichtung und Steuerung der IT an Unternehmenszielen • Standardisierung von IT-Leistungen • Optimierung von IT-Prozessen • Verursachungsgerechte IT-Kosten- und Leistungsverrechnung • Beitrag zu Unternehmenszielen als Maßstab für IT-Projekte und IT-Budget	Erhöhung der Leistungs-fähigkeit des Unternehmens

Abbildung 3: Kosten- vs. Leistungsorientierung
(Gadatsch und Mayer 2014, S. 27)

2.4 Organisationskonzepte des IT-Controllings

Wie auch die Definition des IT-Controllings variiert, so tut es auch sein Organisationskonzept. Es gibt drei Varianten (siehe Abb. 4) des Organisationskonzepts des IT-Controllings (Gadatsch 2016).

Eine der Organisationskonzepte ist das Partnerschaftsmodell. Hier ist das IT-Controlling der Geschäftsleitung untergeordnet und somit auf derselben Ebene wie der CIO. Somit ist das IT-Controlling nicht vom CIO abhängig und kann selbstständig handeln. In der Praxis kommt dieses Modell häufig in Unternehmen vor, deren Produkt bzw. Dienstleistung mit der IT untrennbar ist, wie z.B. in Finanzdienstleistungsunternehmen (Gadatsch 2016).

Beim Mitarbeitermodell ist der IT-Controller direkt dem CIO unterstellt. Aufgrund dessen können Kontroversen entstehen, denn der CIO kann auf die Äußerungen des untergeordneten IT-Controllers verzichten bzw. Vorschläge ablehnen. Dieses Modell ist häufig mit Industrien, in denen eine intensive Aufteilung zwischen der „Produktions-IT" und „allgemeiner IT" herrschen (Gadatsch 2016). Eine andere Möglichkeit der Einordnung des IT-Controllings in einem Unternehmen ist das Controlling-Modell.

Hierbei ist das IT-Controlling als Bestandteil des allgemeinen Controllings eingeordnet und somit gegenüber dem CIO nicht an Befehle gebunden. Dieses Konzept zielt in der Praxis generell auf eine kostenorientierte Sichtweise ab (Gadatsch 2016).

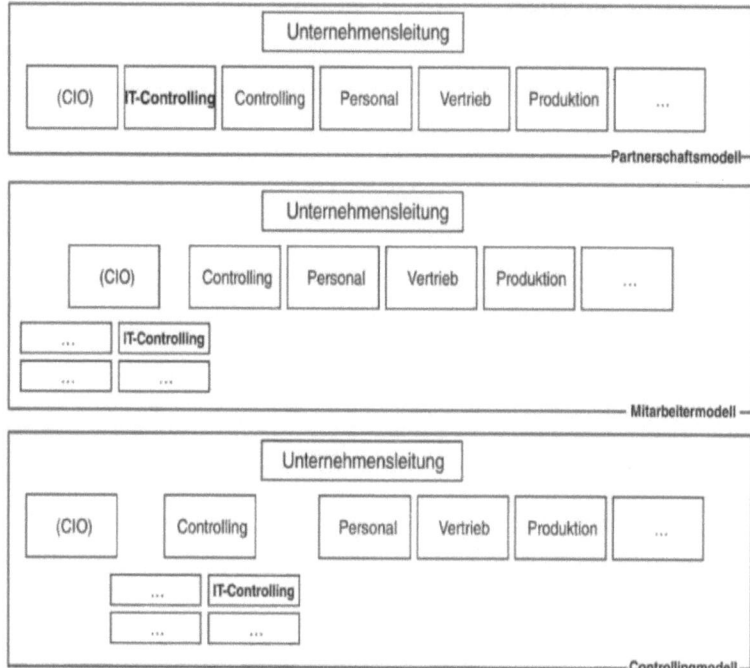

Abbildung 4: Organisationskonzepte für das IT-Controlling
(Gadatsch 2016, S. 5)

2.5 Typische Aufgaben des IT-Controllings

Die Tätigkeiten eines IT-Controllers können sehr unterschiedlich sein. Eine Sichtweise sieht das IT-Controlling als „Kontrolleur der IT-Abteilungen", eine andere als „computergestützte Kontrolle von IT-Projekten". Diese Sichtweisen bzw. Definitionen sind unklar und nicht angemessen. Trotz dessen ist das IT-Controlling ein fester Bestandteil der Betriebswirtschaftslehre und ein „Kerndisziplin der Wirtschaftsinformatik".

Aufgrund der Varianz der Aufgaben eines IT-Controllers, wurde im Folgenden die häufig anfallenden Aufgaben, die in Abbildung 4 dargestellt werden, ausgewählt und näher beschrieben (Gadatsch und Mayer 2014).

Abbildung 4: Typische Aufgaben des IT-Controllings

2.5.1 IT-Strategie

Eine wesentliche Komponente der allgemeinen Geschäftsstrategie ist die IT-Strategie (Gadatsch und Mayer 2014). Die Kernaufgabe der IT-Strategie ist das Vorhaben hinsichtlich der IT so zu gestalten, dass sie zur Wertschöpfung im gesamten Unternehmen beitragen (Klein 2015). Sie beabsichtigt die Durchführung und Kontrolle entsprechender Maßnahmen im Rahmen der Informationstechnologie, um auf der strategischen Ebene die Ziele des Unternehmens zu erreichen. Bestandteile der IT-Strategie sind Definition eines Zielzustands, Formulierung der zugehörigen Maßnahmen und Optionen, sowie deren Verantwortungsträger (Gadatsch und Mayer 2014).

Ein Teil des Ganzen ist die Erstellung eines sogenannten *IT-Bebauungsplans*. Dieser veranschaulicht diverse Informationen zu Informationssystemen, sowie zu deren Daten. Erkenntnisse verschafft der IT-Bebauungsplan somit über die benutzten Informationssysteme, deren Aktualität, die Zeit der Einführung, sowie auch die Zeit der geplanten Ablösung. Ebenso ist auch zu erkennen mit welcher Art von Daten im Unternehmen agiert wird, wo sie abgespeichert oder geändert werden und wohin gewisse Änderungen weitergegeben werden müssen (Gadatsch und Mayer 2014). Im Folgenden ist ein IT-Bebauungsplan eines Versicherers als Beispiel zu sehen.

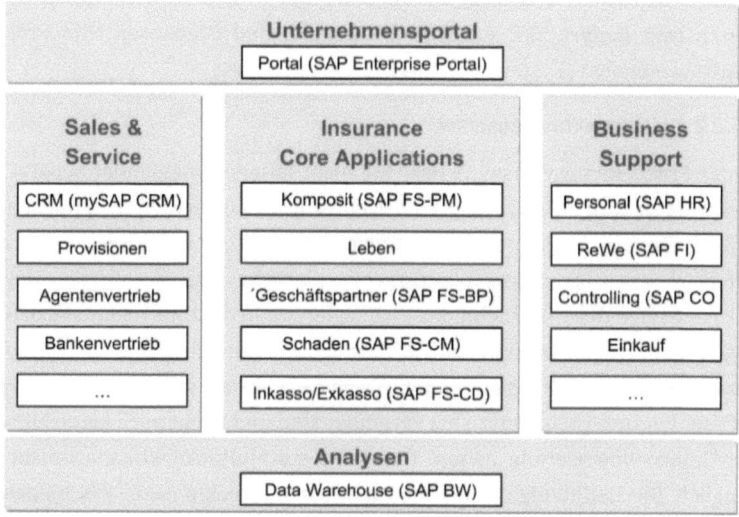

Abbildung 5: IT-Bebauungsplan eines Versicherers
(Gadatsch und Mayer 2014, S. 74)

2.5.2 IT-Projekte

Das Controlling von IT-Projekten ist eine der wichtigsten Tätigkeiten eines Controllers. Durch Anpassung der Ziele von IT-Projekten an der des Unternehmens, wird deren Erfüllung gewährleistet. Häufig werden dazu von Controllern Methodiken angewandt wie z. B. der Vergleich vom zukünftigen und jetzigen Stand, die Analyse dieser Differenz und die Umsetzung von Verbesserungsansätzen. Unterschieden wird hierbei zwischen dem IT-Projektcontrolling und dem Multiprojektmanagement. Klassische Tätigkeiten eines Controllers im Bereich IT-Projekt sind beispielsweise die Projektplanung, Risikomanagement oder Überwachung der Projektkosten (Gadatsch und Mayer 2014).

2.5.2.1 Projektcontrolling

Im IT-Projektcontrolling geht es um das Controlling eines Einzelprojektes. Vor dem Beginn eines IT-Projektes sollte die jeweilige IT-Lösung auf seine Wirtschaftlichkeit getestet und auch das Ergebnis finanziell dargestellt werden. Wichtig ist hierbei die Werte der Prognose laufend zu kontrollieren und sie nicht erst nach Projektabschluss in Betracht zu ziehen, da dies bei möglichen Problemen oder Potentialen in Bezug auf das IT-Projekt behilflich sein kann. Dabei ist eine wichtige Methodik die

Earned Value-Analyse, die zur Überprüfung der Projektentwicklung in Bezug auf *Kosten bzw. Budget, Zeit* sowie *Ergebnis* dient und Prognosen zum Projektfortschritt ermöglicht (Kesten et al. 2012).

2.5.2.2 Multiprojektmanagement

In der Praxis können einzelne Projekte nicht immer voneinander separat behandelt werden, deshalb wird hier vom Multiprojektmanagement gesprochen. Durch den inhaltlichen Zusammenhang zwischen verschiedenen IT-Projekten muss meist auf die gleichen engen Ressourcen bzw. Fachkräfte zugegriffen werden. Wenn aber der IT-Bereich des Unternehmens nicht agierend in die Unternehmensziele einbezogen wird, ist eine erfolgreiche Teamarbeit nicht möglich, was durch Abb. 7 dargestellt wird. Dies führt dazu, dass IT-Projekte realisiert werden, die nicht vollständig mit den Unternehmenszielen vereinbar sind und somit auch keine Mitwirkung am Unternehmenserfolg haben. Daher ist ein Multiprojektmanagement unumgänglich. Die Hauptaufgabe dabei besteht darin Projekte nach verschiedenen Kriterien, wie z.B. Nutzen oder Wichtigkeit, zu priorisieren und deren Beeinflussung untereinander zu koordinieren (Kesten et al. 2012).

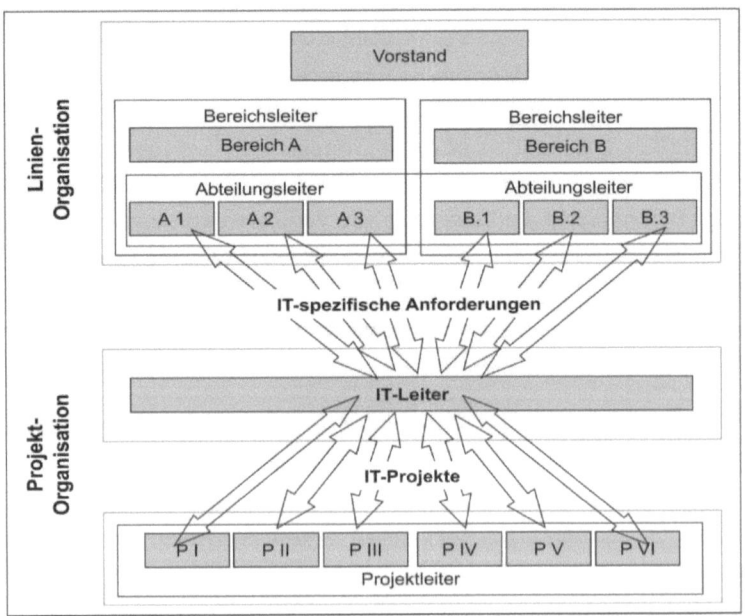

Abbildung 6: IT-Leiter im Spannungsfeld
(Kesten et al. 2012, S. 274)

2.5.3 IT-Kostenplanung

IT-Kosten sind spezielle „Kostenarten" und wachsen in der Zeit der Technologisierung durch die erhöhte Benutzung der Informationstechnologie immer mehr (Gadatsch und Mayer 2014). Im Gegensatz zu direkten oder indirekten Produktionskosten werden die IT-Kosten meist als Fixkosten akzeptiert. In den meisten Unternehmen erfolgt die Kostenverteilung häufig über „Gemeinkostenschlüsseln". Dies verhindert eine Klarheit über die Konsequenzen von Entscheidungen und hindert somit auch Unternehmen sich um die Verringerung der Aufwendungen zu bemühen (Klein 2015). Häufig werden sie auch gar nicht aufgenommen. "Das Ergebnis ist in beiden Fällen identisch: Eine Planung, Kontrolle und Steuerung der IT-Kosten entfällt." (Gadatsch und Mayer 2014, S. 155)

Doch entstehen sie nicht nur in der IT-Abteilung, sondern viel mehr in den restlichen Bereichen eines Unternehmens, d.h. sie treten viel mehr in den Unternehmensprozessen auf. Dies hat zur Folge, dass die Kostenrechnung der Prozesse sehr wichtig ist. Fälschlicherweise wird vom Unternehmen für die IT-Kosten die IT-Abteilung bzw. der CIO als zuständig erklärt. Dies entspricht aber nicht den Tatsachen, da diese Kosten meist das Resultat der Urteile und Handlungen der Abteilungen sind. Aus diesem Grund ist eine realitätsnahe Verteilung der IT-Kosten immens wichtig. Dazu werden sie in Kategorien gegliedert, welche sich auch überschneiden können (Gadatsch und Mayer 2014).

Dazu reflektiert der IT-Kostenwürfel (siehe Abbildung 7) „[...] mehrere Dimensionen der Kostenentstehung, die sich in der Praxis überlagern können. Je nach Sichtweise kann [...] die Entstehung der IT-Kosten nach Prozess-Schritten (IT-Strategie, IT-Entwicklung, IT-Betrieb) und Phasen (Planung, Steuerung, Monitoring) unterschieden werden. Hinsichtlich der Kostenkategorie werden die Hauptkategorien Hardware, Software und IT-Prozesse unterschieden." (Gadatsch und Mayer 2014, S. 160–161) Dieser kann als Basis verwendet und individuell an die unternehmensinternen Prozesse bzw. Phasen angepasst werden. Somit können die IT-Kosten nach der Ursache eingeordnet und anschließend analysiert werden (Gadatsch und Mayer 2014).

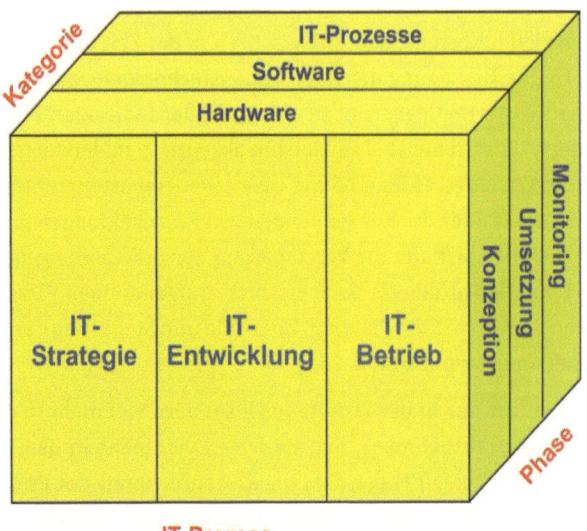

Abbildung 7: IT-Kostenwürfel
(Gadatsch und Mayer 2014, S. 159)

2.5.4 IT-Performancecontrolling

Mit dem Begriff Controlling ist die Überprüfung der unternehmerischen Prozesse zu verstehen, um den Erfolg im Unternehmen zu gewährleisten. Die Kontrolle des Endresultats, bspw. eines Projekts, scheint nicht relevant zu sein, da es nur die Abweichung der geplanten Werte aufweist. Jedoch kann die nachgeforschte Abweichung für zukünftige Projekte Anregungen herleiten (Kesten et al. 2012). Diese werden mit Soll-Ist-Vergleichen durchgeführt. Dazu werden tatsächlichen Ergebnisse (Ist-Werte) mit den geplanten bzw. Soll-Werten verglichen. Durch die Differenz kann beurteilt werden, ob die Soll-Werte verwirklicht oder nicht erreicht wurden. Somit ist auch ein Handlungsbedarf zur Zielerreichung bzw. monetär nichtvorteilhafte Pläne leichter festzustellen (Schön 2018).

Soll-Ist-Vergleiche prognostizieren nicht den künftigen Ablauf, deshalb können zusätzlich Plan-Wird-Vergleiche entwickelt werden. Als „Wird-Werte" werden die erwarteten Ist-Werte einer Periode bezeichnet. (Schön 2018)

2.5.5 Reporting

Abschließend wird die als Informationsfunktion dienende Aufgabe das Reporting vorgestellt. Es gibt verschiedene Definitionen zu Reporting, da sie je nach Adressaten, Inhalt und Art Informationsfunktion unterschieden werden (siehe Abb. 8) (Schön 2018).

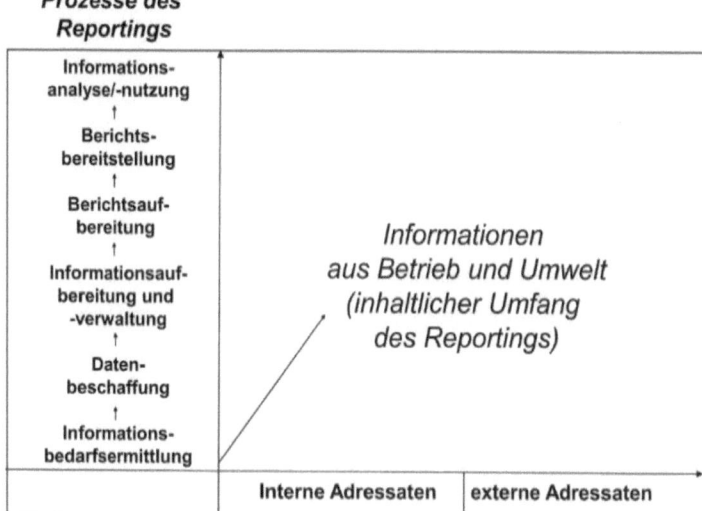

Abbildung 8: Dimensionen der Reportingdefinition
(Schön 2018, S. 18)

Allgemein kann gesagt werden, „Unter dem betrieblichen Reporting im weitesten Sinne ist die Informationsbedarfsermittlung, -beschaffung, -aufbereitung, -bereitstellung, -nutzung und -analyse aller steuerungs- und entscheidungsrelevanter Informationen des Betriebs und seiner Umwelt für externe und interne Adressaten des Unternehmens in Form von Berichten zu verstehen, wobei diese idealerweise adressatengerecht gebündelt in einem Reportingsystem aufbereitet werden." (Schön 2018, S. 18)

Der Zweck des Reportings ist den Adressaten gegenwärtige erforderliche Informationen für zukünftige Planungen zu liefern. Somit kann das Personal die jetzige Lage besser beurteilen und zukünftige Chancen bzw. Probleme einfacher prognostizieren. Zudem wird die Kommunikation innerhalb des Unternehmens vereinfach und die Mitarbeiter können untereinander besser interagieren (Schön 2018).

3 Business Intelligence

3.1 Definition des Business Intelligence

Bereits in der Einleitung wurde die Wichtigkeit, neue Technologien einzusetzen, angesprochen. Ebenso steigt das Bedürfnis Informationen zu betrieblichen Abläufen, Aufwendungen etc. zu jeder Zeit und an jedem Ort zuzugreifen. Dies macht Business Intelligence für Unternehmen unumgänglich (Lang et al. 2016).

"Der Begriff 'Business Intelligence' umfasst Strategien, Prozesse, Verfahren, Methoden, und Werkzeuge zur systematischen Analyse von unternehmensinternen und/oder -externen Daten. Damit wird das Ziel verfolgt, geschäftsrelevante Erkenntnisse zu gewinnen, die als fundierte Grundlage für strategische und operative Managemententscheidungen dienen. Damit werden Planungs-, Steuerungs- und Kontrollaktivitäten im Unternehmen verbessert." (Lang 2015, S. 19) Dazu werden mit Hilfe von Business Intelligence die relevanten Daten erhoben, zusammengefasst, ausgewertet und die Ergebnisse daraus veranschaulicht (Lang 2015).

3.2 Historische Entwicklung des Business Intelligence

Erstmalig wurde die Bezeichnung Business Intelligence 1958 von Hans Peter Luhn in einem IBM-Journal verwendet (Business Intelligence und deren Strategie o.J.). Dabei beschreibt er BI als „die Fähigkeit die Wechselbeziehungen dargestellter Fakten so zu verstehen, dass sie die Handlungen zu dem erwünschten Ziel führen" (Business Intelligence und deren Strategie o.J., S. 1).

In den frühen 70er Jahren begann die Entwicklung moderner BI-Systeme, die zur Unterstützung der Entscheidungsfindung entwickelt wurden. Sie waren der Gegenpol zu transaktionsbezogenen oder operativen Anwendungen wie Auftragserfassung, Bestandskontrolle und Gehaltsabrechnungssystemen (Watson und Wixom 2007).

Anfang der 90er Jahre prägte Howard Dressner, damals Analyst bei der Gartner Group, den Begriff Business Intelligence. BI wird heute vor allem in der Praxis häufig zur Beschreibung analytischer Anwendungen eingesetzt. Für viele Chief Information Officers ist BI derzeit die oberste Priorität (Watson und Wixom 2007).

3.3 Architektur der klassischen BI-Struktur

Im Kapitel 3.1 wird der allgemeine Ablauf bezüglich der Daten im Rahmen des Business Intelligence beschrieben. Dabei handelt es sich um Daten, die als "Basis für die entscheidungsorientierten Informationsbedarfe und weiterführende analytische Auswertungen des taktischen und strategischen Managements" dienen (Linden 2016, S. 129).

Somit ist erkennbar, dass Business Intelligence alle Schritte beinhaltet, von der Datenerhebung über dessen Zusammenfassung bis hin zur Veranschaulichung. Diese Arbeit beschreibt die klassischen Schritte der Datenhandhabung im Rahmen des Business Intelligence. In der folgenden Abbildung sind die Standard-Komponenten des Business Intelligence zu erkennen, die auch in den folgenden Abschnitten beschrieben werden.

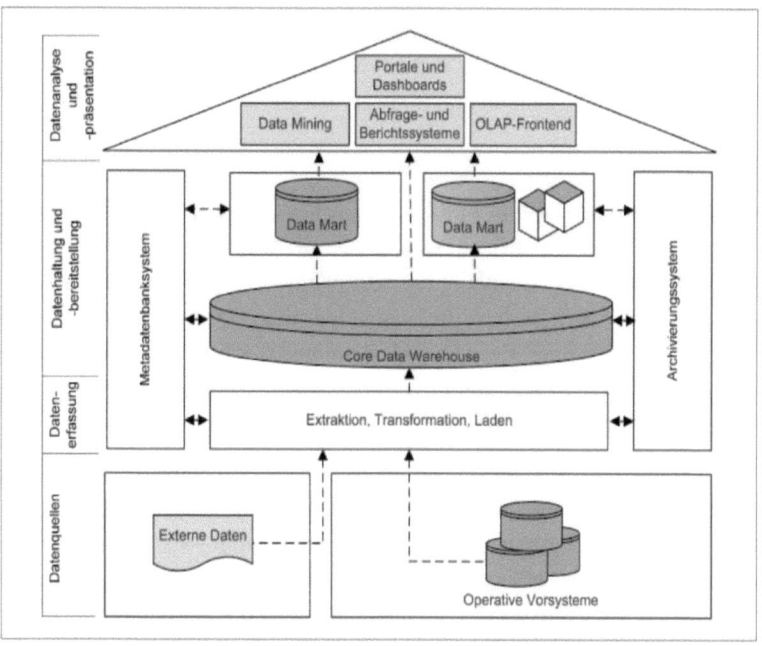

Abbildung 9: Architektur eines Business-Intelligence-Systems
(Linden 2016, S. 127)

3.3.1 Datenerfassung

Die Voraussetzung für alle BI-Aktivitäten ist die Datensammlung. Das Ziel ist das Strukturieren der verfügbaren Informationen über das Unternehmen und dessen Umfeld. In der Regel handelt es sich bei den Informationen um Daten zu den strukturellen Eigenschaften des Unternehmens und der Kunden, um Transaktionsdaten der Geschäftsprozesse, um Produktionsdaten oder Aktivitäten in sozialen Netzwerken (Grossmann und Rinderle-Ma 2015).

Dabei handelt es sich nicht nur um interne Unternehmensdaten, sondern auch um externe Daten. Bei den externen Daten kann es sich beispielsweise um Daten aus öffentlichen Quellsystemen oder aus verschiedenen Webseiten handeln (Linden 2016). Diese werden unter verschiedenen Bedingungen gesammelt und in verschiedenen Datenquellen gespeichert. Die größte Herausforderung besteht darin, die Daten so zu strukturieren, dass sie in verschiedene BI-Aktivitäten eingesetzt werden können. Zudem ist eine neue Strukturierung der Daten oder das Sammeln zusätzlicher Daten erforderlich, wenn beispielsweise neue Aufgaben oder Prozesse im Unternehmen eingeführt werden. Folglich ist es notwendig, Kenntnisse über die Methoden zur Datenerfassung und zur Erweiterung vorhandener Daten um neue Daten zu haben (Grossmann und Rinderle-Ma 2015).

3.3.2 Datenintegration

Nachdem die Daten, wie in Kapitel 3.3.1 erklärt, gesammelt wurden, müssen sie von den Quellsystemen, z.B. ERP-, SCM- oder CRM-Systeme, in eine einheitliche unternehmensweite Datenbank, in das sogenannte Data Warehouse, integriert werden (Linden 2016). Jedoch ist die Datenintegration viel mehr als das Übernehmen der Daten aus den operativen Datenbanken und das anschließende Integrieren in ein Data Warehouse (Schnider et al. 2016). Sie müssen für die Integration vorbereitet werden (Linden 2016).

Dies beinhaltet Schritte wie das Zusammenstellen und Standardisieren der Datenmengen aus den Quellsystemen, das Überarbeiten nicht-vollständiger oder beschädigter Daten, die Untersuchung der sogenannten Stamm- und Bewegungsdaten etc. Hierbei wird die Bezeichnung ETL (Extraction, Transformation, Loading) benutzt. Die genannten Schritte werden im Rahmen des ETL-Prozesses (siehe Abb. 10) behandelt und werden im Folgenden detailliert beschrieben (Schnider et al. 2016).

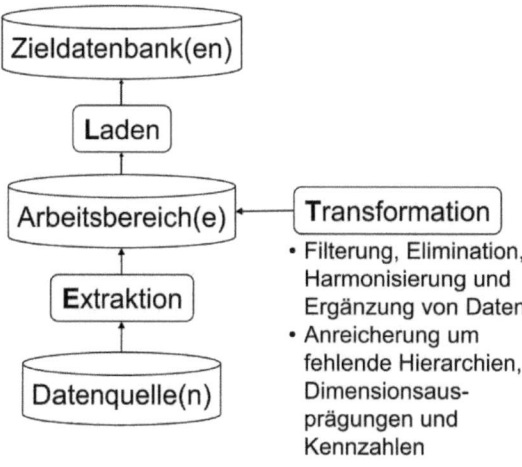

Abbildung 10: Der ETL-Prozess
(Schön 2018, S. 350)

3.3.2.1 Extraktion

Die Datenextraktion beschäftigt sich mit verschiedenen Fragen. Dabei sollte man sich zunächst die Frage stellen, wann Daten extrahiert werden sollen (Grossmann und Rinderle-Ma 2015). Häufig wird die periodische Methode angewandt, die individuell bestimmt wird, je nachdem wie aktuell die entsprechenden Daten sein müssen. Weitere Methoden sind die Extraktion *auf Anfrage* oder *bei einer Änderung* (Linden 2016). Um über Aktualisierungen in den Quellen auf dem Laufenden zu bleiben, werden die Quellen normalerweise auf Aktualisierungen überwacht (Grossmann und Rinderle-Ma 2015).

Verbunden mit der Frage, *wann* extrahiert werden soll, ist, *was* extrahiert werden soll. Intuitiv kann es zu komplex sein, alle Daten jedes Mal zu extrahieren, wenn die Datenquelle aktualisiert wird (Grossmann und Rinderle-Ma 2015). Aus dem Grund kann allgemein entweder die *Full Extraction* oder die *Delta Extraction* angewandt werden. Der Begriff Full Extraction ist fast selbsterklärend. Im operativen System werden alle Daten innerhalb einer Liste extrahiert. Diese Methode ist die leichteste Extraktionsvariante. Bei Delta Extraction hingegen wird nur ein Ausschnitt einer Liste extrahiert, die zumeist in einer bestimmten Periode entstanden sind bzw. aktualisiert wurden. Meistens ist diese Periode der Zeitraum zwischen der vorherigen und jetzigen Extraktion (Schnider et al. 2016).

Nach Abschluss der Extraktionsphase müssen die Daten wie bereits erwähnt strukturiert werden (Linden 2016). Die dazu erforderliche Transformationsphase wird im folgenden Abschnitt vorgestellt.

3.3.2.2 Transformation

In vorherigen Abschnitt wurde beschrieben wie Daten aus operativen Systemen für spätere Analysezwecke extrahiert werden können. Da es nicht realistisch ist, jeden Teil der extrahierten Daten separat zu analysieren, müssen die extrahierten Daten bereinigt und integriert werden. Doch bevor eine Datenintegration stattfinden kann, muss festgelegt werden, in welchem Format die Daten integriert werden sollen. In einigen Fällen ist das Integrationsformat bereits das Format, mit dem die späteren Analysen gemacht werden. In anderen Fällen müssen zusätzliche Analyseformate bereitgestellt werden, die auf dem Integrationsformat basieren. Dies geschieht aus dem Grund, dass unterschiedliche Analysen durchgeführt werden, die unterschiedliche Analyseformate erfordern. Um es einfacher zu sagen, die Wahl des Analyseformats hängt vom Ziel der Analyse und den Key Performance Indicators (deutsch: Leistungsindikatoren) ab (Grossmann und Rinderle-Ma 2015).

Dabei werden die extrahierten Daten anfangs in der *Staging Area* gespeichert. Die Staging Area sammelt die Daten aus den operativen Systemen thematisch zu bestimmten Zeiten, beispielsweise täglich oder wöchentlich. Sie dient als eine Pufferstelle bis die Daten zur Transformation weitergeleitet werden. (Schön 2018) Die Transformation selbst geschieht größtenteils in der *Cleansing Area* (Schnider et al. 2016). Es beinhaltet die Schritte *Filterung, Harmonisierung, Aggregation* und *Anreicherung*. Die Filterung umfasst die Selektierung, Bereinigung und Ablegung der Daten aus den Quellsystemen. Mit Bereinigung wird von der syntaktischen und semantischen Verbesserung der Daten gesprochen. Anschließend beginnt der Harmonisierungsprozess, wobei die Daten im Rahmen der Betriebswirtschaft miteinander verknüpft werden. Die Aggregation befasst sich mit dem Aufbau von sogenannten Hierarchietabellen, die später bei der Auswertung nach verschiedenen Dimensionen, wie z.B. Gesamtkunden oder verschiedene Kundengruppen, dargestellt werden können. Im letzten Schritt, der Anreicherung, werden die behandelten Daten eingefügt und die zugehörigen KPI's dazu verknüpft. Somit endet die Transformation (Linden 2016).

3.3.2.3 Laden

Nach Abschluss der Transformation müssen die Daten für ihre spätere Auswertung bzw. Analyse im Rahmen des Ladevorgangs im Data Warehouse verfügbar gemacht werden. Hinsichtlich der Architekturmöglichkeiten des Business Intelligence gibt es eine hohe Anzahl an Möglichkeiten für die Gestaltung des Ladevorgangs (Linden 2016).

Im Allgemeinen kann zwischen folgenden Ladevorgängen unterschieden werden: der Ladevorgang kann entweder *synchron* oder *asynchron* geschehen. Dabei spricht man beim synchronen Ladevorgang vom *Real-Time-Data-Warehousing*, welches, wie der Name schon sagt, in Echtzeit geschieht. Die asynchrone Variante wiederum kann beispielsweise periodisch oder ereignisgesteuert sein. Letztendlich wird noch zwischen einem vollständigen Upload und einem Upload bei Änderungen unterschieden (Schön 2018).

3.3.3 Datenhaltung und -bereitstellung

Die Datenhaltung und -bereitstellung geschieht im sogenannten *Core Data Warehouse* und in den *Data Marts*. Dabei steht das Core Data Warehouse im Zentrum, die Data Marts hingegen sind „kleine, fachspezifische Data Warehouses", die bei Bedarf eingesetzt werden können (Linden 2016, S. 135). Das Core Data Warehouse und die Data Marts werden in den folgenden Abschnitten vorgestellt.

3.3.3.1 Data Warehouse

Um Business Intelligence zu nutzen ist die Voraussetzung die Errichtung eines Data Warehouse, welches als technische Grundeinrichtung dient. Ziel des Data Warehouse ist, Daten aus operativen Systemen einzufügen und Daten zu liefern, die für verschiedene BI-Anwendungen wie Reportings, Dashboards oder Analysen verwendet werden können (Schnider et al. 2016).

Im Gegensatz zu operativen Systemen, die auch Online-Transaction-Processing (kurz: OLTP) genannt werden, erfolgt das Hinzufügen von Daten allein über ETL-Prozesse, die in den vorherigen Abschnitten beschrieben worden sind, und nicht manuell. Ein weiterer Unterschied ist auch die Funktionsweise der Abfragen. In OLTP-Systemen werden nach Informationen abgefragt. In einem DWH-System hingegen werden nach Ergebnissen von riesigen Datenbeständen abgefragt, die zusammengefasst werden und Auswertungen über bestimmte Dimensionen anzeigen. Die Gestaltung eines DWH kann je nach Architektur unterschiedlich geprägt sein. Wichtig ist jedoch, dass diese Architektur korrekt entwickelt und umgesetzt wird (Schnider et al. 2016). Das DWH hat vier wichtige Haupteigenschaften (Schön 2018). Mit dem Merkmal *subject-oriented* ist das DWH einer bestimmten Thematik orientiert, d.h. die Daten sind, je nachdem welche Informationen die Manager benötigen, eingestellt. Beispiele für die Fachorientierung der Daten sind Abteilungen oder Produktentwicklungen (Linden 2016). Der Begriff *integrated* umfasst das Zusammenfügen von Daten aus verschiedenen operativen Systemen und von externen Daten mit unternehmensinternen Daten. Vor allem wird es durch inhaltlich homogene Daten gekennzeichnet (Schön 2018). Hinter der Eigenschaft *non-volatile* verbirgt sich das Merkmal, dass die Daten nicht verändert werden dürfen und im Gegensatz zu den Quellsystemen langfristig gespeichert werden, um Analysen über einen längeren Zeitraum zu realisieren (Linden 2016). Die Eigenschaft *time-variant* umfasst im DWH „eher zeitraumbezogene Daten mit einer längerfristigen Entwicklung als zeitpunktaktuelle Daten", die von operativen Systemen betrachtet werden (Schön 2018, S. 340).

3.3.3.2 Data Marts

Data Marts sind kleine Datenspeichereinheiten, die Teilmengen des Core Data Warehouse sind. Dies hat den Zweck beispielsweise bestimmte Bereiche oder Anwendergruppen im Unternehmen mit Informationen bzw. Daten zu versorgen, die zu den letztendlichen Analysen dienen (Schnider et al. 2016). Der Grund für die Nutzung von den sogenannten Data Marts ist deren höhere Performancefähigkeit aufgrund der kleinen Datenmengen im Gegensatz zum Core Data Warehouse (Schön 2018). In Abb. 11 kann man den Aufbau der Data Marts im Gegensatz zum DWH erkennen.

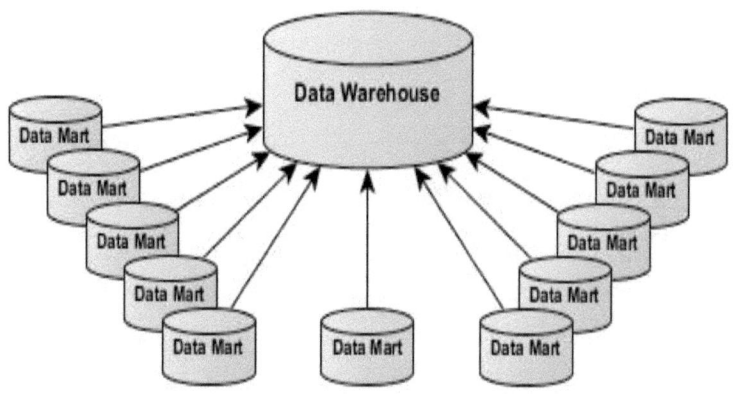

Abbildung 11: Data Marts
(DZone)

3.3.4 Datenanalyse

Nachdem die Daten, wie in den obigen Abschnitten beschrieben, erfasst, integriert und in einem DWH bereitgestellt wurden geht es nun zur Analyse dieser Daten, um daraus Erkenntnisse zu gewinnen und das Management mit den nötigen Informationen zu unterstützen. In dieser Arbeit werden in den folgenden Unterkapiteln die Analysemethoden Data Mining und Online Analytical Processing (kurz: OLAP) vorgestellt.

3.3.4.1 Data Mining

Data Mining ist ein Analyseverfahren, welches durch Erkennen von Mustern in großen Datenbeständen neues Wissen liefert. Es sucht und liefert mittels Algorithmen in großen Datenmengen nach Verknüpfungen und erkennt somit immer wiederkehrende Schemen und Trends (Schön 2018). „Data Mining verbindet Methoden der Wissenschaftsbereiche Statistik, Künstliche Intelligenz (maschinelles Lernen) und Informatik, insbesondere Datenbanksysteme." (Müller und Lenz 2013, S. 75)

Im Gegensatz zu den Standard-Analyseverfahren prüft das Data Mining riesige Datenmengen nach Mustern (Müller und Lenz 2013) und ist dem Begriff *Knowledge Discovery in Databases* (KDD) zugeordnet, da es als ein Teilprozess dessen verstanden werden kann. (Linden 2016)

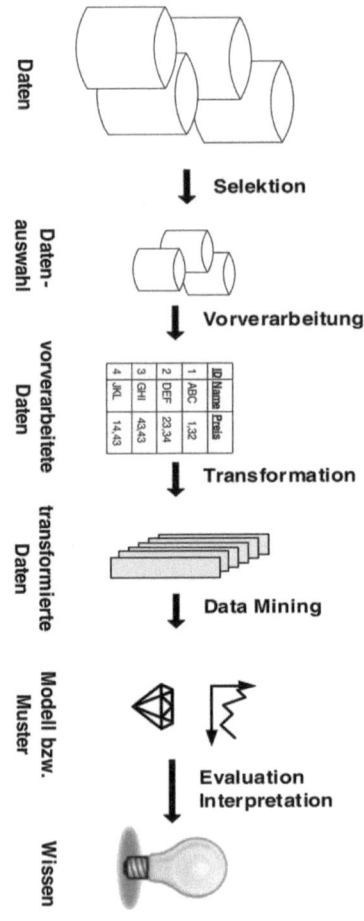

Abbildung 12: KDD-Prozess
(Müller und Lenz 2013, S. 77)

Dieser Abschnitt ist sehr kurzgehalten, da es für die vorliegende Arbeit keine hohe Relevanz aufweist. Jedoch ist Data Mining eines der wichtigen Analysemethoden.

3.3.4.2 OLAP

Die Bezeichnung *On-line Analytical Processing* dient der multidimensionalen Analyse der Daten, die der Entscheidungsunterstützung dienen sollen. Die Dimensionen werden intern definiert und sollen als Betrachtungswinkel eines zu analysierenden Bereichs verstanden werden. OLAP bietet viele verschiedene Analysemöglichkeiten, die aus mehreren Dimensionen betrachtet werden können und somit alle Blickwinkel eines Analysezwecks darstellen. Somit kann gesagt werden, dass OLAP nicht nur einen Wert liefert, sondern viele Werte in einem aggregierten Zustand (Linden 2016).

Das Akronym FASMI (*Fast Analysis of Shared Multidimensional Information*) stellt die Merkmale dar, die OLAP-Anwendungen laut Pendse und Creeth verwirklichen sollten. Das erste Wort *Fast* weist auf die schnelle Antwortzeit hin. Der Begriff *Analysis* deutet auf die einfachen Analyse-Tools, die ohne jegliche Codierung durchgeführt werden können. Mit der Eigenschaft *Shared* ist die geteilte Nutzung von mehreren Anwendern der Informationen gemeint. *Multidimensional* stellt die mehrdimensionale Betrachtung der Daten dar, welches als ein Datenwürfel abgebildet werden kann. Die Bezeichnung *Information* beabsichtigt die Zustellung jeglicher Daten an den Anwender (Pendse und Creeth 1995).

Wie schon erwähnt werden in OLAP die Daten in Form von Datenwürfeln visualisiert, um auch die Analysen in multidimensionaler Form durchzuführen. Die Dimensionen werden zuvor bestimmt und können beispielsweise als *Zeit, Kunde* oder *Produkt,* wie in Abb. 13 nachgestellt wurde, mit den zugehörigen Kennzahlen dargestellt werden (Linden 2016).

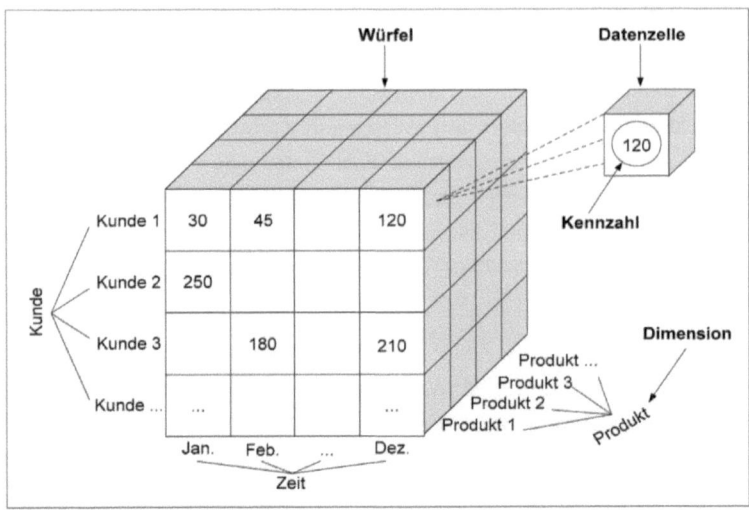

Abbildung 13: Datenwürfel des OLAP
(Linden 2016, S. 150)

Dazu müssen die mehrdimensionalen Daten aus verschiedenen Perspektiven betrachtet werden, welches mit dem Drehen des Datenwürfels erreicht wird. Dazu werden von OLAP verschiedene Operatoren wie *Rotation, Increasing, Decreasing, Roll-up, Drill-down, Slice* oder *Dice* angewendet (Grossmann und Rinderle-Ma 2015). Die Rotation stellt eine meist visuelle Prüfung ohne weitere Bearbeitung der Daten dar. Die weiteren Operationen erfordern hingegen das Ändern der Dimensionalität des Hyperwürfels, um zusätzliche Erkenntnisse zu gewinnen. Hierzu können wir die Operation Roll-up verwenden, die neue Informationen durch die Aggregation von Daten entlang der Dimension generiert, wobei die Anzahl der Dimensionen nicht geändert wird. Das Gegeneffekt, d.h. das Erhalten von aggregierten Daten zu detaillierten Daten entlang der Klassifizierungshierarchie, wird durch die Operation Drilldown erreicht. Dicing hingegen bedeutet, dass die Dimensionalität des Würfels nicht reduziert wird, sondern der Würfel selbst durch Ausschneiden eines Teilwürfels reduziert wird (Grossmann und Rinderle-Ma 2015). Des Weiteren besteht die Möglichkeit mit OLAP-Tools sogenannte Soll-Ist-Abweichungen und auch Berechnungen von Prognosewerten, die die Bildung der IT-Strategie eines Unternehmens unterstützen, betätigt werden (Linden 2016).

3.3.5 Datenpräsentation

Nachdem die Daten erfasst, integriert und analysiert wurden, müssen sie präsentiert werden, damit sie der Entscheidungsunterstützen dienen. Dazu bieten sich im Rahmen des BI Dashboards und Reportings, die sich in Standard-Reports und Ad-hoc-Reports aufteilen lassen.

3.3.5.1 Dashboards

Das zur Datenpräsentation dienende Dashboard stellt die gewonnenen Erkenntnisse eines Unternehmens auf einem Bildschirm strukturiert visuell dar (Luber und Litzel 2016). „Im Vordergrund von Dashboardkonzepten steht darüber hinaus die Darstellung hochaggregierter, verdichteter quantitativer und qualitativer Informationen, damit diese für den Anwender rasch erfassbar und interpretierbar sind." (Linden 2016, S. 154)

Somit kann der Anwender auf einem Blick die wichtigsten Aussagen des Dashboards erkennen. Dies geschieht meist anhand verschiedener Grafiken, wie z.B. Ampelfunktionalitäten, Skalen- oder Zeigerdiagramme. Die Benutzeroberflächen können nach verschiedenen Abteilungen oder Sichtweisen angepasst werden. Ein wichtiges Merkmal ist jedoch, dass die Daten in Echtzeit bearbeitet werden können. Dashboards helfen bei der Entscheidungsunterstützung, Abweichungsuntersuchung der Strategien mit den Geschäftszielen oder Leistungserkennung der einzelnen Prozesse des Unternehmens. Abb. 14 zeigt die mögliche Gestaltung eines Dashboards (Luber und Litzel 2016).

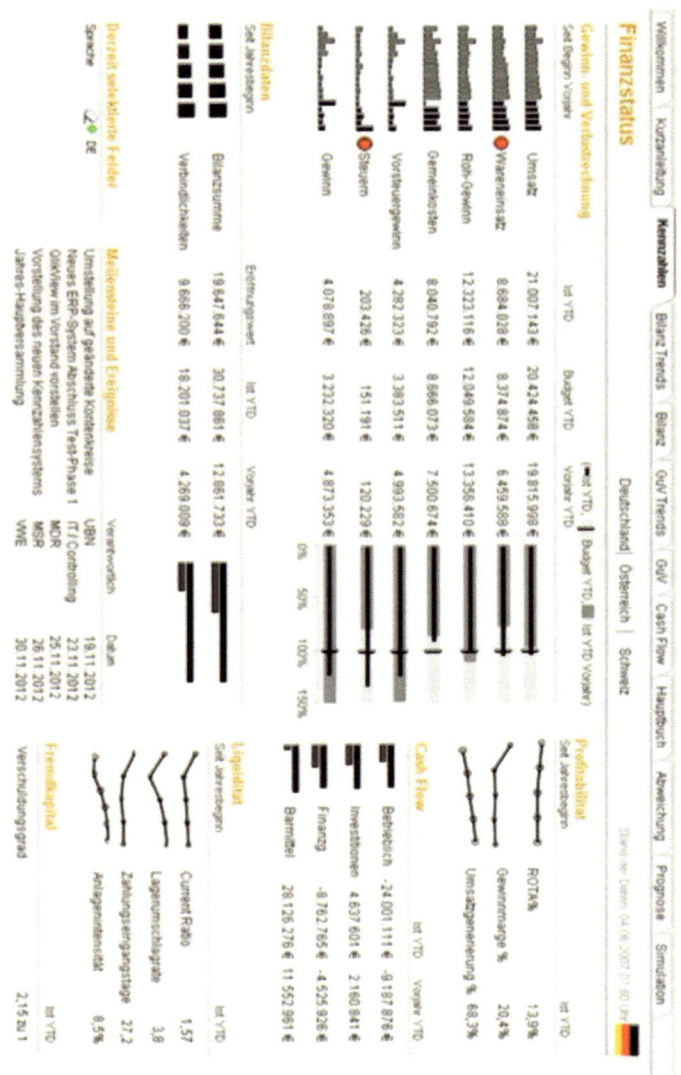

Abbildung 14: Beispiel zu einem Dashboard
(Müller und Lenz 2013, S. 249)

Wie schon erwähnt können klassische Dashboards nach verschiedenen Sichtweisen individualisiert werden. Um das Management bei den Entscheidungsmöglichkeiten zu unterstützen und die Steuerung nach der Analyse der Daten zu ermöglichen, wird hier von *Performance Dashboards* gesprochen. Die geplanten Methoden zur Effizienzverbesserung im Unternehmen werden anhand der Performance Dashboards visualisiert, da eine rasche Informationsaufnahme für die Verwirklichung der geplanten Maßnahmen von Wichtigkeit ist. Performance Dashboards werden nach den Gesichtspunkten *Reichweite* und *Zweck* klassifiziert (Linden 2016). Die Reichweite lässt sich in *strategisch, taktisch* und *operativ* aufteilen. Der Zweck umfasst die Bereiche *Kommunikation* bzw. *Kollaboration, Analyse* und *Monitoring.* Strategische Dashboards beschäftigen sich mit der Kommunikation bzw. Kollaboration, indem sie die strategische Erreichung der Unternehmensziele visualisieren. Taktische Dashboards hingegen umfassen die Analyse und sind meist auf diverse Unternehmensbereiche und deren Thematik ausgerichtet, wie z.B. die Prozesse und Projekte, die mit ihren Kennzahlen in Betracht gezogen werden. Operative Dashboards befassen sich mit dem Monitoring, die zur Überprüfung der Unternehmensprozesse dienen und ermöglichen dem Anwender bei Abweichungen von den geplanten Werten einzugreifen. Somit können nicht-optimale Entwicklungen und das Verfehlen der Unternehmensstrategie vermieden werden (Linden 2016). Zur besseren Veranschaulichung wurde folgende Tabelle erstellt.

Reichweite:	Strategisch	Taktisch	Operativ
Zweck:	Kommunikation Kollaboration	Analyse	Monitoring

Tabelle 1: Klassifizierung von Performance Dashboards

Eine weitere Möglichkeit der Dashboard-Gestaltung sind sogenannte Projekt-Dashboards. Die Projektübersicht (siehe Abb. 15) zeigt die wichtigen Zahlen eines Projekts an, beispielsweise wird der sogenannte Kostenindex angezeigt, was die Soll-Ist-Abweichung in Bezug auf die Projektkosten visualisiert sowie der Leistungsindex, der im Rahmen der Earned-Value Analyse die Abweichung der Soll-Ist-Leistung anzeigt. Zudem kann über die Übersicht auch auf wichtige Projektinformationen zugegriffen werden, wie z.B. auf den Deckungsbeitrag. Die Ressourcen in Bezug auf das Multiprojektmanagement lassen sich durch Anzeigen des Auslastungsgrades und der Ist-Produktivität der jeweiligen Projekte steuern (Schön 2018).

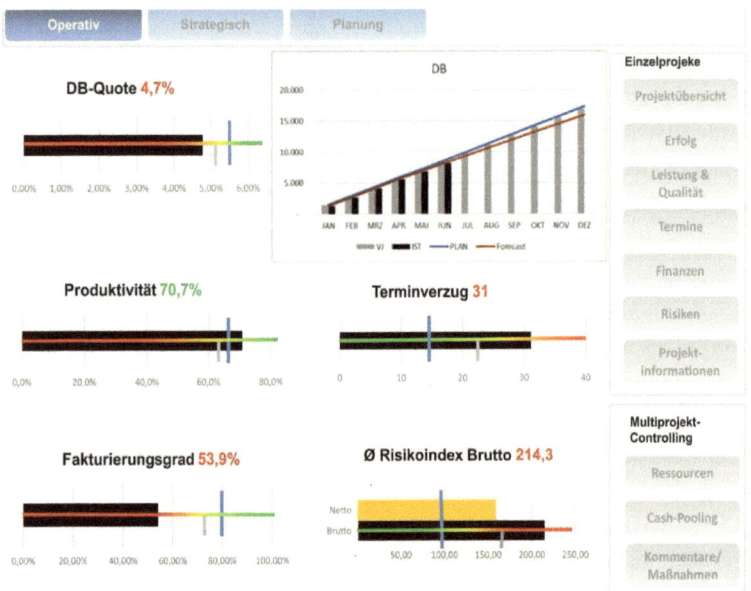

Abbildung 15: Übersicht - Projekt-Dashboards
(Schön 2018, S. 189)

3.3.5.2 Reporting

Ein weiteres Tool zur Unterstützung der Datenpräsentation ist das Berichtswesen bzw. Reporting. Dazu werden die zuvor analysierten Daten gesammelt und zu Reportings konfiguriert. Die Resultate aus diesen Berichten dienen als Grundlagen für die Managemententscheidungen.

Unterschieden wird hierbei zwischen dem *Standard-Reporting* und *Ad-hoc-Reporting* (Beilhammer 2017). Das Standard-Reporting wird hierbei zu einem bestimmten Zeitpunkt an entsprechende Empfänger gesendet (Schön 2018). Die Berichterstattung ist an gewisse Standards gebunden, d.h. Inhalt und Form sind vorbestimmt und mit bestimmten Kennzahlen und Dimensionen verbunden, und erfolgt automatisch (Beilhammer 2017). Somit kann auch der Empfänger hinsichtlich des Inhaltes und Layouts nichts ändern. Damit auch der Empfänger die erforderlichen Informationen mit dem Standard-Report erhält, sind zuvor hinsichtlich der Gestaltung Rahmenbedingungen vordefiniert worden. Jedoch können diese Berichte nach einer gewissen Zeit, um sie gewissen Änderungen wie beispielsweise Umstrukturierungen anzupassen, hinsichtlich des Inhalts und Forms geändert bzw. angepasst werden (Schön 2018).

Da Standard-Reports nicht den kompletten Informationsbedarf abdecken, ist hierbei die Rede von dem sogenannten Ad-hoc-Reporting. Dieses wird bei Eintreten von Ereignissen erstellt und muss somit schnell zur Verfügung gestellt werden (Beilhammer 2017). Der Zweck davon sind die fehlenden Informationen, die aus den Standard-Reports nicht entnommen werden, jedoch mit Ad-hoc-Reports ergänzt werden können (Schön 2018). Wichtig ist auch hier die Vordefinierung der Rahmenbedingungen hinsichtlich des Layouts und des Inhalts mit den zugehörigen Kennzahlen und Dimensionen (Beilhammer 2017).

3.4 Weitere BI-Anwendungen

Die fachliche Vielfalt von Business Intelligence ist unverkennbar (Müller und Lenz 2013). Im Rahmen dieser Arbeit ist es nicht relevant jede von ihnen anzusprechen. Jedoch gibt es einige wichtige Komponenten, die im Folgenden erläutert werden sollten und möglicherweise einen Beitrag zum Forschungsziel leisten.

In Bezug auf die Datenanalyse ist es auch wichtig nicht nur von Vergangenheitswerten, sondern auch von Zukunftswerten zu sprechen. Hierbei ist die Rede von Predictive Analytics (Linden 2016). Dies erkennt mittels Algorithmen Schemen und Trends (Schnider et al. 2016), d.h. sie dient als eine Prognosemethode, womit die zukünftige Entwicklung des Unternehmens oder auch der einzelnen Unternehmensbereiche vorausgesagt werden kann (Schön 2018).

Ein wichtiger Begriff ist auch die Balanced Scorecard, kurz BSC. Die BSC ist ein Performancemanagement-Tool, womit Prozesse bzw. Aktivitäten beobachtet werden können, sowie deren Ergebnisse (Balanced Scorecard Defined 2012). Zudem wird die Unternehmensstrategie und dessen Erreichungsgrad visualisiert. Jedoch wird dieser Darstellung, wie in Abb. 16 dargestellt, nicht nur die finanzielle Perspektive zugewiesen, sondern auch die Sicht der Prozesse, der Kunden und der unternehmerischen Entwicklung mit den jeweiligen KPIs (Linden 2016).

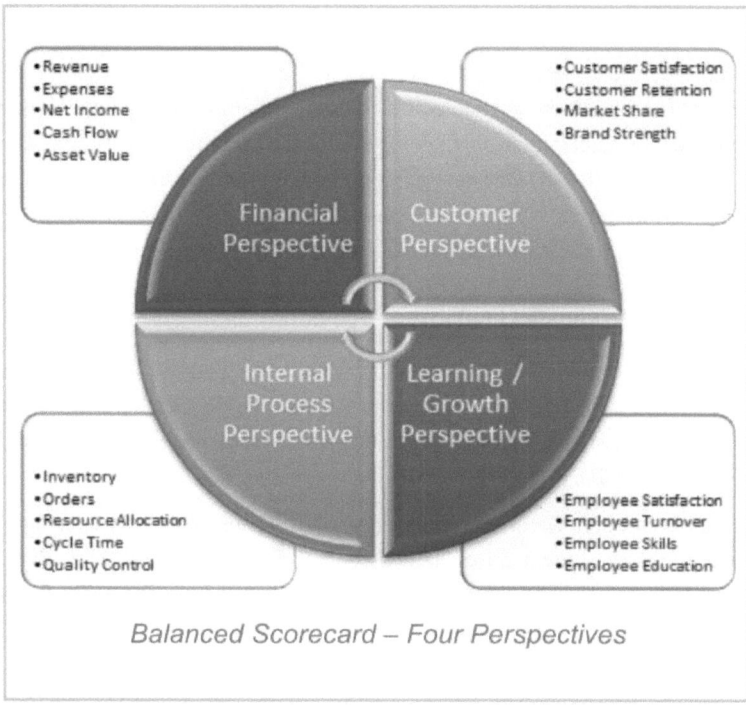

- Revenue
- Expenses
- Net Income
- Cash Flow
- Asset Value

- Customer Satisfaction
- Customer Retention
- Market Share
- Brand Strength

Financial Perspective

Customer Perspective

Internal Process Perspective

Learning / Growth Perspective

- Inventory
- Orders
- Resource Allocation
- Cycle Time
- Quality Control

- Employee Satisfaction
- Employee Turnover
- Employee Skills
- Employee Education

Balanced Scorecard – Four Perspectives

Abbildung 16: BSC mit den vier Perspektiven
(Balanced Scorecard Defined 2012)

Ein weiteres Tool ist das Self-Service BI, das Anwendern die Möglichkeit bietet ohne die Hilfe einer IT-Abteilung selbst Auswertungen und Planungen durchzuführen. Self-Serivce BI ermöglicht Nutzern mit einfachen BI-Werkzeugen eigenständig Analysen zu realisieren (Schön 2018). Außerdem bietet sich die Möglichkeit auch mit mobilen Endgeräten auf BI-Tools zuzugreifen. Für das mobile BI bietet sich die online, hybrid oder offline Nutzung. Bei der online Nutzung muss das mobile Endgerät online und mit dem BI-Server verbunden sein, wo auch die Datenhaltung, die Abfragen etc. geschehen. Der Zugriff erfolgt über einen Webbrowser. In der hybriden Nutzung werden beispielsweise Ergebnisse aus den Abfragen lokal auf dem Mobilgerät gespeichert. Doch die tatsächliche Datenmenge aus denen die Analysen gemacht werden liegen auf dem BI-Server. Um BI offline zu nutzen müssen komplette Datenwürfel vorab mit WLAN oder LTE auf dem Endgerät gespeichert werden, um Abfragen eigenständig auf dem Mobilgerät durchzuführen (Müller und Lenz 2013).

4 Business Intelligence im IT-Controlling

Um die Einsatzpotentiale von Business Intelligence im IT-Controlling zu diskutieren, sollten vorher die Vorteile, die sich durch den Einsatz ergeben, erläutert werden. Dazu werden zuerst die in der vorliegenden Arbeit vorgestellten Schritte der BI-Architektur in Betracht gezogen und der daraus resultierende Nutzen vorgestellt. Im Anschluss werden die Einsatzpotentiale diskutiert, indem noch einmal beide Begriffe und deren Aufgaben aufgegriffen werden.

4.1 Anreicherung des IT-Controllings durch Business Intelligence

Wie bereits erwähnt werden nun die im Kapitel 3.3 vorgestellten Aufgaben des BI aufgegriffen und die Vorteile, die sich daraus ergeben, diskutiert. Im Anschluss werden die positiven Auswirkungen der weiteren BI Tool, die im Kapitel 3.4 thematisiert wurden, erläutert.

In der Ebene der Datenerfassung erfolgt die Datensammlung automatisch und muss somit nicht mehr durch den IT-Controller manuell betätigt werden. Vorteilhaft ist hierbei auch, dass externe Datenquellen, wie z.B. Social-Media-Plattformen, einbezogen werden, die ebenfalls zu Erkenntnissen für die Entscheidungsfindung führen (Schön 2018).

Die Datenintegration erfolgt im Rahmen des ETL-Prozesses. Dies bedeutet, dass die Daten aus den Quellsystemen automatisch extrahiert werden. Mit einbezogen werden dabei alle Quellsysteme im Unternehmen. Durch die Transformation werden die Daten bereinigt, in eine einheitliche Form gebracht und um Duplikate verringert. Daraus ergeben sich qualitative homogene Daten, die miteinander verknüpft und aggregiert sind. Dies hat für die späteren Auswertungen positive Auswirkungen, da sie beispielsweise auf verschiedene Dimensionen betrachtet werden können.

Für die Datenhaltung und -bereitstellung nutzt BI das Data Warehouse. Die Daten für die späteren Analysen liegen nicht mehr verteilt und doppelt in verschiedenen OLTP-Systemen, sondern einheitlich strukturiert im Core Data Warehouse. Das Vorteilhafte dabei ist, dass die Daten mithilfe von den in Kapitel 3.3.3.1 genannten Eigenschaften thematisch strukturiert, aus verschiedenen Quellsystemen zusammengefügt, für Analysen über einen längeren Zeitraum langfristig gespeichert und zeitraumbezogen abgelegt werden. Hinzu kommt die Möglichkeit der Nutzung der fachspezifischen kleinen Datenspeichereinheiten, der sogenannten Data Marts, die von verschiedenen Unternehmensbereichen verwendet werden können und eine höhere Performancefähigkeit aufgrund der kleineren Datenmenge im Gegensatz zum Core Data Warehouse aufweisen.

Durch die Datenanalyse mit OLAP werden die Daten mittels eines Hyperwürfels multidimensional dargestellt und können durch die Anwendung verschiedener OLAP-Operatoren aus verschiedenen Perspektiven betrachtet werden. OLAP-Anwendungen weisen eine kurze Antwortzeit auf und stellen einfache Analyse-Tools zur Verfügung, die ohne jegliche Programmierung durchgeführt werden können. Zudem ermöglichen sie eine multidimensionale Betrachtung jeglicher Daten und bringen dem IT-Controller wichtige Erkenntnisse. Des Weiteren besteht die Möglichkeit mittels Data Mining in riesigen Datenmengen Analysen durchzuführen.

Die Datenpräsentation mit Hilfe von Dashboards ermöglicht hochaggregierte qualitative Informationen in Echtzeit auf einem Blick zu erkennen. Dabei werden verschiedene Grafiken verwendet, so dass die Informationszustellung schnell erfolgen kann und somit zeitsparend ist. Das Abgleichen von Abweichungen hinsichtlich der Unternehmensstrategie und die Entscheidungsfindung wird vereinfacht. Interessant dabei ist auch, dass sich Dashboards nach verschiedenen Sichtweisen individualisieren lassen, wie z.B. die Performance Dashboards. Das Reporting, eine weitere Möglichkeit der Datenpräsentation, sichert die Informationsweiterleitung im Unternehmen. Das Standard-Report wird regelmäßig und automatisch den Empfängern zugestellt. Das Ad-hoc-Report hingegen wird nur bei Ausnahmefällen versendet, wenn diese nicht vom Standard-Report nicht abgedeckt sind. Somit ist auch eine höhere Transparenz im Unternehmen gewährleistet.

Die in Kapitel 3.4 besprochenen BI-Komponenten können das IT-Controlling auch in vielerlei Hinsicht unterstützen. Durch Predictive Analytics können Zukunftswerte prognostiziert werden. Dies kann zur Einhaltung der Unternehmens- bzw. IT-Strategie beitragen. Bei negativen Prognosewerten können somit auch zeitig Maßnahmen eingeleitet werden. IT-Lösungen können unter Beachtung der Trends, die durch Predictive Analytics erlangt werden, produziert werden, und kann somit zu einer Umsatzsteigerung im Unternehmen führen. Dies verdeutlicht auch die in Abb. 17 angeführte Statistik der Umsatzsteigerung der Unternehmen weltweit von 2010 bis 2017, die BI-Technologien eingesetzt haben.

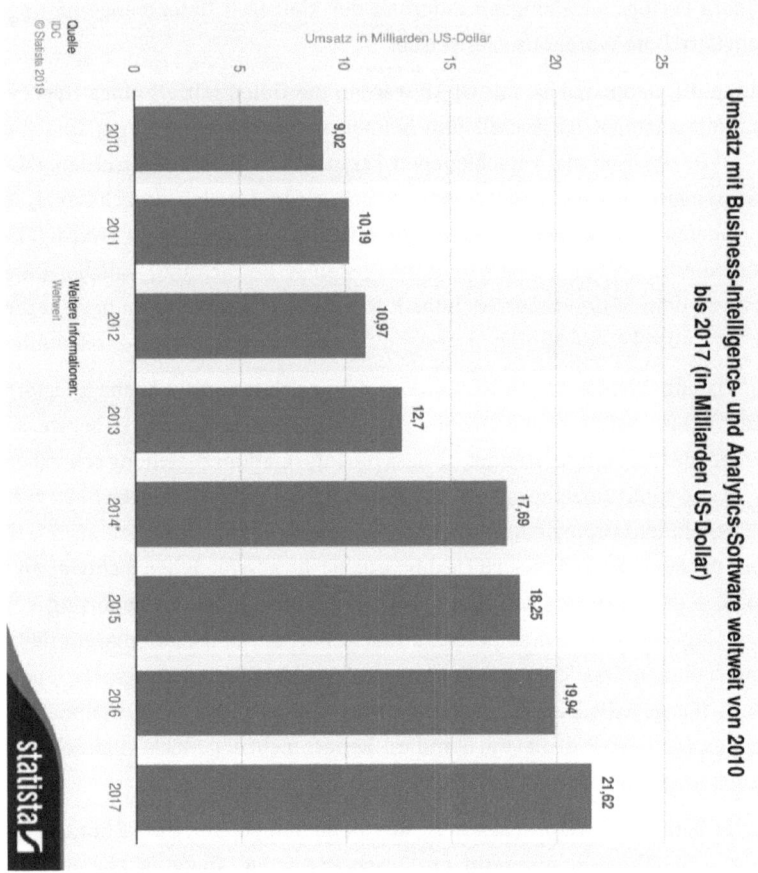

Abbildung 17: Umsatz
(Umsatz - Business-Intelligence- und Analytics-Software bis 2017 | Statista)

Der Begriff Balanced Scorecard gewährleistet die Einhaltung der Unternehmensstrategie und bietet die Möglichkeit bei Abweichungen schnell zu agieren. Zudem
wird die Kundenzufriedenheit, die unternehmerische Entwicklung und der richtige
Ablauf der Prozesse gesichert, indem sie durch die BSC visualisiert werden und der
IT-Controller bei Problemen sofort reagieren kann. Mit dem Einsatz von Self-Ser-
vice-BI können außerdem Kosten in der IT-Abteilung bzw. im IT-Controlling verringert werden. Dabei ist natürlich wichtig, dass die Anwender für die Benutzung des
Self-Service BI durch Schulungen oder Seminare gut vorbereitet werden. Die Möglichkeit diese mobil zu nutzen ist für Anwender ideal, denn somit können sie zu
jeder Zeit an jedem Ort auf Informationen zugreifen und somit schneller

Entscheidungen treffen. Zusammenfassend kann gesagt werden, dass durch die hohe Automatisierung der Datenhandhabung, vor Allem der Datenanalyse, den daraus resultierenden Erkenntnissen und der schnellen Informationsverteilung Kosten im Unternehmen gespart werden können. Vor Allem haben die daraus gewonnenen Erkenntnisse positive Auswirkungen auf alle Unternehmensbereiche bzw. -prozesse. Dies führt zu einem besseren Unternehmenserfolg bzw. zur Umsatzsteigerung und sichert die Konkurrenzfähigkeit.

4.2 Einsatzpotentiale von Business Intelligence im IT-Controlling

Nach der Begriffs- und Aufgabenklärung des IT-Controllings in Kapitel zwei und der Diskussion der Thematik des Business Intelligence in Kapitel drei werden nun die Einsatzpotentiale des Business Intelligence im IT-Controlling analysiert. Dazu sollten noch einmal kurz die Begriffe IT-Controlling und Business Intelligence aufgegriffen werden.

In Kapitel 2.3 wurde IT-Controlling als ein Werkzeug für die Entscheidungsunterstützung durch Erhebung, Aufbereitung und Analyse von Daten definiert und in der vorliegenden Arbeit mit den Aufgaben IT-Strategieentwicklung, IT-Projektcontrolling, IT-Kostenplanung, IT-Performancecontrolling und Reporting vorgestellt.

Der Begriff Business Intelligence wird in Kapitel 3.1 als ein System definiert, das Erkenntnisse durch Daten gewinnt, die der Entscheidungsunterstützung dienen. Im Rahmen dieser Arbeit wird es zudem mit den Aufgaben Datenerfassung, -integration, -haltung und -bereitstellung, sowie -analyse und -präsentation charakterisiert.

Anhand dieser beiden Begriffsklärungen ist unverkennbar, dass beide Begriffe das gleiche Ziel verfolgen und beide der Entscheidungsunterstützung eines Unternehmens dienen, indem sie Daten sammeln, aufbereiten und analysieren. Somit lässt sich erschließen, dass die Möglichkeit des Einsatzpotentials von BI im IT-Controlling besteht, da beide Begriffe dem gleichen Zweck dienen. Um dies genauer zu überprüfen werden im Folgenden die vorgestellten BI-Werkzeuge aufgegriffen und untersucht, ob IT-Controlling Aufgaben damit automatisiert bzw. optimiert werden können.

Mit Hilfe von Dashboards kann eine der Aufgaben des IT-Controllings, das Reporting, übernommen werden. Durch die grafische Darstellung der wichtigen Daten können Anwender auf einem Blick die notwendigen Informationen erkennen. Performance Dashboards leisten hierbei einen großen Beitrag zur Übernahme vieler IT-Controlling-Aufgaben. Mit strategischen Dashboards im Rahmen des Performance-Controlling kann die IT-Strategie und dessen Erreichungsgrad hinsichtlich des definierten Zielzustandes dargestellt werden. Somit ist die Aufgabe des IT-Controllers, die Einhaltung der IT-Strategie zu kontrollieren, gesichert. Die Soll-Ist-Vergleiche in Bezug auf Projekte oder Prozesse können durch taktische Dashboards analysiert werden. Mit den operativen Dashboards werden allgemeine Abweichungsanalysen, die IT-Controller häufig betätigen, durchgeführt. Das Projektcontrolling kann mittels Projekt-Dashboards geleitet werden. Für das Prüfen der

Wirtschaftlichkeit der einzelnen Projekte können die Werte aus dem Kosten- und Leistungsindex entnommen werden. Um die Werte laufend zu kontrollieren, werden die Kennzahlen in der Übersicht der Projekt-Dashboards dargestellt. Die wichtige Aufgabe des Multiprojektmanagement, die Ressourcensteuerung, kann durch das Anzeigen des Auslastungsgrades und der Ist-Produktivität der Projekte organisiert werden.

Die OLAP-Analyse spielt eine große Rolle bei der Vereinfachung der IT-Controller-Aufgaben. Die Erkenntnisse, die mit Hilfe von OLAP gewonnen werden, helfen dem IT-Controller hinsichtlich der IT-Strategie den Zielzustand und die zugehörigen Maßnahmen zu definieren. Die Analyse mittels eines Hyperwürfels ermöglicht den IT-Kostenwürfel, den IT-Controller in Bezug auf die IT-Kostenplanung nutzen, zu analysieren. Somit werden IT-Kosten nicht mehr als Fixkosten akzeptiert und der Mitarbeiter im IT-Controlling weiß, wo genau diese entstanden sind. Dies ermöglicht auch Klarheiten über die Konsequenzen von Entscheidungen im Unternehmen zu verschaffen und es wird sich um die Kostensenkung im Unternehmen bemüht.

Die Datenpräsentation mittels Standard- und Ad-hoc Reports kann die Reporting-Aufgabe des IT-Controllers übernehmen und liefert hiermit qualitative Informationen durch die zuvor durchgeführten Analysen. Standard-Reports gewährleisten die automatische und regelmäßige Berichterstattung und Ad-hoc-Reports werden für Ausnahmefälle erstellt. Dies vereinfach die Informationsverteilungsaufgabe des IT-Controllers. Zudem können Standard- und Ad-hoc-Reports für die Informationsverteilung über Projektsituationen bzw. für die laufende Kontrolle der Prognosewerte über Projekte genutzt werden.

Die Balanced Scorecard gewährleistet, wie schon zuvor erwähnt, die Überwachung der Unternehmensaktivitäten und deren Ergebnisse. Viel wichtiger kann sie die IT-Strategie mit dessen Erfüllungsgrad visualisieren und sichert damit dessen Erreichung.

Zudem können mit dem Einsatz von Predivtive Analytics im Rahmen des Performancecontrolling Plan-Wird-Vergleiche durchgeführt werden.

Des Weiteren können die zu sammelnden Daten im Rahmen des ETL-Prozesses er hoben werden, damit der IT-Controller diese nicht manuell sammeln muss. Somit ist auch beispielsweise die Aufnahme aller IT-Kosten gewährleistet.

Zum besseren Verständnis wurde die Tabelle 2 erstellt, die die genannten BI-Werkzeuge und die dadurch automatisierten IT-Controlling-Aufgaben bildlich darstellen.

BI-Werkzeuge	IT-Controlling-Aufgaben			
Dashboards	Reporting	IT-Strategie	Performancecontrolling	IT-Projekte
OLAP	IT-Strategie	IT-Kostenplanung		
Reporting	Reporting	IT-Projekte		
Balanced Scorecard	IT-Strategie			
Predictive Analytics	Performancecontrolling			
ETL	IT-Kostenplanung			

Tabelle 2: BI-Werkzeuge und die automatisierten IT-Controlling-Aufgaben

Wichtig zu erwähnen ist noch, dass für den gelungenen Einsatz des BI im IT-Controlling eine BI-Strategie definiert werden sollte (Linden 2016). Im Abschnitt 3.3.3.1 wurde bereits erwähnt, dass bei der Gestaltung eines DWH die Architektur korrekt entwickelt und implementiert werden muss. Das gleiche Prinzip gilt für die gesamte BI-Architektur. Vor der Gestaltung und Implementierung sollte die BI-Einführung als ein Projekt definiert und gemäß eines Vorgehensmodells phasenweise eingerichtet werden, um den Erfolg des BI-Systems im Unternehmen zu gewährleisten (Linden 2016). Dazu sollte idealerweise ein BI-Team gegründet werden, das vorzugsweise aus dem IT-Controlling bzw. aus der IT-Abteilung stammt. Sie kennen nämlich schon die Aufgabengebiete und besitzen das zugehörige Know-how, um den Einsatz so erfolgreich wie möglich zu gestalten (Schön 2018).

5 Fazit

Diese Arbeit hatte das Ziel die Einsatzpotentiale des Business Intelligence im IT-Controlling zu erforschen. Abschließend kann zu dieser Arbeit gesagt werden, dass der Einsatz von Business Intelligence in das IT-Controlling hohe Potentiale aufweist.

Mit der Einführung des BI werden die IT-Controller Aufgaben im Unternehmen immens vereinfacht und größtenteils digitalisiert. Wichtig ist vor Allem die Zeit- und Kostenersparnis aufgrund der hohen Automatisierung der Controllertätigkeiten und die gewonnenen Erkenntnisse, die zum Unternehmenserfolg einen hohen Beitrag leisten. Das IT-Controlling sollte die hohen Potentiale des Business Intelligence nutzen, auch wenn es anfänglich Kosten mit sich bringt.

Bei der Untersuchung war es deutlich zu erkennen, dass ähnliche Unternehmensbereiche oder auch das allgemeine Controlling schon lange die Vorzüge des Business Intelligence nutzen. Aus der Statistik in der Abb. 17 kann entnommen werden, dass Unternehmen, die in BI-Technologien gesetzt haben, eine hohe Umsatzsteigerung erzielen konnten. Jedoch müsste bei einer Einführung die richtige Architektur ausgewählt und eine korrekte Implementierung durchgeführt werden. In einer Zeit der stetig wachsenden Datenmengen, was sich sowohl als Herausforderung als auch eine Chance aufweist, ist der Einsatz von Business Intelligence oder ähnlichen Datenanalyse-Technologien unverzichtbar.

In Bezug auf stetig wachsende Datenmengen bzw. Big Data wird Business Intelligence vermutlich mit der Zeit für immer mehr Unternehmen interessant werden. Aus diesem Grund wäre für weitere Forschungsarbeiten interessant, welchen Ablauf BI-Systeme im Umgang mit Big Data, vor Allem aus sozialen Netzwerken, haben und wie sich diese auf Unternehmen auswirken.

Literaturverzeichnis

Balanced Scorecard Defined (2012). Online verfügbar unter http://bi-insider.com/business-intelligence/balanced-scorecard-defined/, zuletzt geprüft am 08.11.2019.

Behringer, Stefan (2018): Controlling. Wiesbaden: Springer Fachmedien Wiesbaden.

Beilhammer, Marius (2017): Business Intelligence Reporting: IT-gestützte Berichtserstellung. Online verfügbar unter https://www.industry-press.com/business-intelligence-reporting/, zuletzt geprüft am 06.11.2019.

Binder, Ursula (2017): Controlling Aufgaben, Funktionen, Ziele. Hg. v. www.haufe.de. Online verfügbar unter https://www.haufe.de/controlling/controllerpraxis/was-ist-controlling/controlling-aufgaben-funktionen-ziele_112_433744.html, zuletzt geprüft am 25.07.2019.

Business Intelligence und deren Strategie (o.J.). Online verfügbar unter https://software-im-unternehmen.de/betriebswirtschaftliche-software/business-intelligence/, zuletzt geprüft am 29.10.2019.

DZone. Online verfügbar unter https://dzone.com/articles/difference-between-data-warehouse-and-data-mart, zuletzt geprüft am 02.11.2019.

Gadatsch, Andreas (2016): IT-Controlling für Einsteiger. Wiesbaden: Springer Fachmedien Wiesbaden.

Gadatsch, Andreas; Mayer, Elmar (2014): Masterkurs IT-Controlling. Wiesbaden: Springer Fachmedien Wiesbaden.

Grossmann, Wilfried; Rinderle-Ma, Stefanie (2015): Fundamentals of Business Intelligence. Berlin, Heidelberg: Springer Berlin Heidelberg.

Horváth, Péter (2012): Controlling. 12., vollst. bearb. Aufl. München: Vahlen (Vahlens Handbücher der Wirtschafts- und Sozialwissenschaften).

Hubert, Boris (2018): Controlling-Konzeptionen. Wiesbaden: Springer Fachmedien Wiesbaden.

Kesten, Ralf; Müller, Arno; Schröder, Hinrich (Hg.) (2012): IT-Controlling.

Klein, Andreas (Hg.) (2015): Prozessoptimierung und IT-Controlling. Freiburg: Haufe-Lexware GmbH & Co. KG (Haufe Fachbuch). Online verfügbar unter https://www.wiso-net.de/document/HAUF,AHAU_9783648066089252.

Lang, Michael (Hg.) (2015): Handbuch Business Intelligence. Potenziale, Strategien, Best Practices. 1. Auflage 2015. Düsseldorf: Symposion Publishing.

Lang, Michael; Noe, Jürgen; Piatkowski, Daniel; Ruschak, Christian; Schirm, Nicole; Schoeneberg, Klaus-Peter et al. (2016): Business Intelligence erfolgreich umsetzen. Von der Technologie zum Geschäftserfolg. 1. Auflage. Düsseldorf: Symposion.

Linden, Markus (2016): Geschäftsmodellbasierte Unternehmenssteuerung mit Business-Intelligence-Technologien. Wiesbaden: Springer Fachmedien Wiesbaden.

Luber, Stefan; Litzel, Nico (2016): Was ist ein Business Intelligence Dashboard? Online verfügbar unter https://www.bigdata-insider.de/was-ist-ein-business-intelligence-dashboard-a-581644/.

Müller, Roland M.; Lenz, Hans-Joachim (2013): Business Intelligence. Berlin, Heidelberg: Springer Berlin Heidelberg.

Pendse, Nigel; Creeth, Richard (1995): The OLAP report. Succeeding with online analytical processing: volume 1: OLAP planning, design and development: Business Intelligence Ltd.

Preissler, Peter R. (2013): Controlling: De Gruyter.

Preißner, Andreas (2010): Praxiswissen Controlling. Grundlagen - Werkzeuge - Anwendungen. 6., überarb. Neuaufl. München: Hanser. Online verfügbar unter http://www.hanser-elibrary.com/action/showBook?doi=10.3139/9783446424845.

Schnider, Dani; Jordan, Claus; Welker, Peter; Wehner, Joachim (2016): Data Warehouse Blueprints, Business Intelligence in der Praxis.

Schön, Dietmar (2018): Planung und Reporting im BI-gestützten Controlling. Wiesbaden: Springer Fachmedien Wiesbaden.

Umsatz - Business-Intelligence- und Analytics-Software bis 2017 | Statista. Online verfügbar unter https://bibaccess.fh-landshut.de:2127/statistik/daten/studie/259969/umfrage/umsatz-mit-business-intelligence-und-analytics-software-weltweit/, zuletzt geprüft am 09.11.2019.

Watson, Hugh J.; Wixom, Barbara H. (2007): The Current State of Business Intelligence. In: Computer 40 (9), S. 96–99. DOI: 10.1109/MC.2007.331.